Jardim Botânico

Nuno Ramos

Jardim Botânico

Poema

todavia

I.

Aqui os nomes das plantas
crescem no lugar das plantas.

A natureza que te deram
esta é tua herança
melhor pedir logo por ela.
No lugar da floresta, uma mísera pitangueira.

Quando memórias vierem
no miado de um gato
sentado em teu colo, alma
reencarnada de um amigo
não lembra desse amigo
pergunta pelos rios de água preta.

Pergunta pelas bolhas na garrafa de água mineral.
Essa a tua herança, a jangada de garrafas PET
azul-turquesa sobre azul-turquesa
tentando chegar à Grécia
ou o calombo no tronco da nogueira
no Leblon, fugindo aos espinhos de vidro
atrás de um pouco de luz.

A natureza que te deram, não Pitágoras.

Quando abraçar Maria, minha cachorra
não pensarei em minha mãe, que suspeito
viva dentro dela nos dias calmos
nem em minha avó, que suspeito
viva dentro dela quando o céu desaba

em trovoadas escuras sobre São Paulo
e Maria, a mijona
protesta contra a existência mesma das coisas
com toda a força da sua bondade.
Ela mija de alegria quando você coça a sua pança
mas destrói uma porta com as unhas
de raiva, não de medo
de raiva da tempestade.

Não pensarei em como meu pai a levaria ao veterinário
desgostoso por perder uma tarde inteira
em vez de ficar em casa lendo Tintim e Racine, meio deprimido.

A natureza que te deram, não Iphigénie, Phèdre.

O alumínio cortado em espiral de uma lata de coca-cola
preso ao chifre de um búfalo, na ilha de Marajó.
Ou os pássaros que sabem exatamente em que poste pousar
vindos da Patagônia, no meio do Canadá, a câmera na asa
ou os coiotes que comem os gatos selvagens
que comem os gatos domésticos
que comem os ratos envenenados
pelos donos dos gatos domésticos
num subúrbio de Los Angeles.

Pensa nos podcasts, onde isso tudo vai parar.
Na guerra civil de vozes, em que ninguém gagueja.

2.

Tudo o que é antigo vem de quando eu era novo.
Vou usar palavras
antigo, novo, corpo, alma
não há nada fora delas, também.

Começo plantando palavras no Jardim Botânico
pra ver se crescem diante de mim.
Fora delas não há nada.

Não a eternidade
minha modesta imensidão
dragão albino com escamas coloridas
mas um tufo frio entrando pela gola
apertando meu pescoço no lugar exato.

Qual a sua opinião sobre a eternidade?
Um lugar igualzinho a si mesmo
tomado por uma luz branca, de corredor de hospital
com máquinas de fumaça simulando uma *cumulus nimbus.*

Minha tia-avó, aos 103 anos
sonhou encontrar as irmãs num jardim florido.
Contou isso pra mim, emocionada.
Achei meio ridículo.
Quando morreu, dias depois, os seios murchos
olhei bem pra ela e não pensei que estivesse lá.

3.

Ok, meu coração foi partido em dois
ele mesmo e um suor que evapora o tempo todo
então se fechou em obras
aqueles cartazes com caminhões na calçada
cortados por uma diagonal vermelha.

Gosto da imagem, mas o principal ficou de fora.
Meu coração foi partido
quando levantou o selo
de mudez dos percevejos
nos livros. Agora entendo o que dizem
enquanto devoram as páginas.

Não, meu corpo, toma o lugar do resto
espalha teu vapor, antes que fiques sonhando com mortos
em jardins floridos, aos 103 anos de idade. É ridículo.

Somente tu, com certeza, morres.
Sobre ela ninguém sabe nada — a *alma*
esta a palavra que buscava. A réplica.

4.

Falar eram duas coisas diferentes:
de mim pra mim, marionete e mentor
e para os amigos comunistas de meu pai.
A mesa de centro, uma campânula
de cobre bem martelado
soltava marrecos agudos.
Outra boca falava na minha
soldados mascados em pontas de Bic.

O pó do carvão tremia.

Os nomes perdidos das coisas não ligam pra nós.
Misturam-se ao som do que passa
fricção do casaco de nylon.

5.

Macaco ou onça queimada?
Assim faz o fogo
apaga, mistura
De rerum natura
sem beleza nenhuma.

Assim este livro, indeciso
entre queimar ou plantar memórias
preso aos trinados de um pássaro enorme.

Minha incapacidade de morrer
povoa o tempo com palavras.

Ausente do topo das árvores
ausente da terra congelada
sou eu mesmo quem lança
mensagens *não há ninguém* aos gases.

Falávamos por telepatia, depois da ayahuasca.
Meu corpo era novo
as árvores torciam seus galhos roxos
tocavam meu pescoço.
Virei de costas e continuei andando
até que as luzes de mil lanternas me encontraram.
Toda a cidade me procurava.
Voltei à barraca.
Eu era a onça queimada.

6.

Quando você engoliu
as balas envenenadas
passei a noite no sofá
esperando você voltar.
De dentro do forro
caíram filhotes de rato.
Tentei dar leite, mas morreram todos.

Detesto viver, adoro sexo
um oco no meio da tarde.

Vivo perto de uma floresta.
As árvores novas disputam
um túnel de luz com as velhas (e perdem).
Vomitam uma seiva verde quando o tronco quebra.

Minha pele, ao contrário, parece minério.

Você partiu meu coração
fingindo que não comia
fingindo que não morria
fingindo que não escondia
veneno na calcinha.

7.

Com uma maritaca pousada na cabeça
recolho no topo das árvores
os elfos que deixei, noite passada.
Não vou cair. São mensagens.

Entre nós, tudo nasce no sexo.
Como seríamos sem ele
nenhuma obra de arte, nenhum filho?
Haveria luz na ponta dos dedos, como agora
e conversas até de manhã, tremendo?

O que é isso que entra em você
um remédio tarja preta
um novo guru, um médico?

Não, eu não quero tudo.
Aceito um lugar secundário
mas meu desespero condensa
na forma de um espantalho.

Esta a minha resposta a teus elfos.
Um espantalho esperando aqui embaixo.

8.

Folhas me cobriram.
Meu corpo durou mais do que elas.

Pessoas falaram em minha homenagem.
Meu corpo durou mais que as palavras delas.

Amigos me visitavam, pediam *respira*, ou
deixa a alma vagar pela casa vazia.
O chão está varrido
a mesa posta
a louça limpa.
Ali te esperamos, até terminar nossa dívida.

Criei uma raiz, como um rabo saindo das costas.
Trazia minhocas, água enlameada e formigas pra dentro de mim.

Folhas me cobriram.
Meu corpo durou mais do que elas.

9.

Corvos, falcões, patos selvagens
amanheceram no lago.
Nunca durmo, os olhos enormes
mas não ouvi suas asas à noite.
Vi o ícone de vento no aplicativo
dois tracinhos curvos, mas não liguei.
A cidade amanheceu com escombros
de papelão e madeira entre as estátuas
e os granitos escuros que a geleira deixou
milênios atrás, pareciam novos.

Como caber na vida que se tinha
se tinha antes de quê?
Antes de perguntar o motivo a cada cinco minutos.
Antes de perder a confiança.

Teria de haver descontinuidade, certo?
entre um sonâmbulo mostrando entusiasmo
por tudo, e o pançudo acima do peso
higienizando com um pano todas as manhãs
sua autoimagem. Seria preciso um marco ambiental
um câncer, derrame, a cratera de uma nova estação do metrô.
Mas não encontro cicatriz em mim
somente as latas de lixo
em loop, contra o muro do canal.

Minha imensidão perdeu matéria
meu corpo ficou menor.
A forma roliça dos galhos   ›

a curva cinzenta do céu
cresceram pra longe de mim.

Não sei como vim parar aqui. Você sabe?

10.

Aqui a terra parece albina
e o sol emperrado no meio.
Homens trabalham
com frágeis guindastes para erguê-lo.
Palavras são como latidos
e latidos discursos solenes.

Não pertenço a nada disso.

Quem você pensa que é, pra falar assim?

Bem, é a minha opinião.
Tenho direito a ela. Só pertenço a meu corpo, acho.

Você se fechou no quarto as férias inteiras.
Pintou todos os quadros, menos seu autorretrato.
Por quê?

Era julho, o frio me machucava. Saí estranho de lá.
Devia ter viajado. Terminei claustrofóbico. Vozes me
                                      [organizavam.
O pulso das coisas, fora dos livros
meus órgãos, como um país ocupado
— vozes. Meu sexo
uma voz, meu rim, a casca da noz
as pregas na pele dos álamos.
Não sei o que faço com elas.

Acho que nem a meu corpo pertenço.

Mas sei o nome das árvores.

II.

O lodo incendiado
sobe ao topo das árvores.
Me dá mais um poema
me dá mais um poema
nunca te pedi nada.
O tempo todo você pede
em cada poema que escreve
como se a culpa fosse minha.
E é.

Sua morte ficou velha.

O lodo incendiado sobe ao topo das árvores.
Me dá mais um poema
me dá mais um poema
nunca te pedi nada.
O tempo todo você pede
em cada poema que escreve
como se a culpa fosse minha.
E é.

12. Criação negativa

Você me feriu tão profundamente
que nunca mais falei disso.
Convenci todo mundo que tinha virado outra pessoa.

Agora ouve a voz das paredes
deste hospital todo bege:
tenho medo de você desde o começo
do seu olhar de águia quando tem raiva.
Não fui embora porque me ensinaram a ser fiel.
Não ao corpo, que esse aí
pode trair quanto quiser, mas à alma, à réplica.

Não, duas pessoas não podem ser uma só
e o pobre Platão devia ser muito mal-amado pra acreditar nisso.

Você me feriu
tão profundamente
que nunca mais comi
salada de frutas
com sorvete de baunilha
vendo um filme, preferia
falar baixo e pisar
em cacos de vidro
como um faquir de mangá
pra não despertar *aquilo*.

Aquilo: um pedaço
da enorme *criação negativa*
a *gênese ao contrário*
que foi sua vida antes de mim

›

e que por absurdo
você dirigiu de volta
a quem lhe salvava, *Me salva*
dizia, e ao mesmo tempo
Você não pode nada
como uma deusa hindu de mil braços
me apalpando por todos os lados
o pau, o cu, a mente
tomando cada pedaço.

Você me feriu tão profundamente
que tivemos três filhos.

13.

Um risco divide
a parede no meio. Tédio
bege, estou dentro
e a lâmina de gelo
refrata as folhas de um álamo.

Será que invento este pio grave?
O pássaro seria enorme.

Era só ter deixado meus livros na cabine telefônica, pra
[outro pegar.
Não preciso ler mais nada.
Era só ter jogado meus livros no lixo
e chamado meus filhos pra uma conversa na neve.

Meninos, não sei o nome de nada.
Não vejo um palmo à frente, mesmo nos dias claros.
Só posso rir, mas nem rir posso
com medo de errar a piada.
Estrelas acumularam às minhas costas.
Deviam ser fixas.
Foi isso que me ensinaram, que seriam fixas
mas sofreram, eu sei, sutis translações.
Esperava Sirius ali, mas foi parar do outro lado.
Nunca aprendi matemática.

Tenho medo de morrer
ainda mais de viver sem vocês.
Não farei meu monólogo
pelado na tempestade.   ›

Meu pau anda mole.
Não tenho testamento.
Prefiro ser queimado.
A casa é de vocês.

Lembrem de mim com leveza, senão com amor.

14.

Quando cai a luz estou pronto.
Livre de todo barulho, não atendo as pequenas
mônadas de terror nas comissuras dos lábios.
Dei socos no ar, hoje à tarde.
Respondi perguntas cretinas
e refiz meus cálculos quanto ao futuro.
Fujo? Não fujo?
O dia inteiro assim, esperando o vento da tarde.

Esperando a visita de um deus, um cão, alguém
o fotógrafo do andar de cima, por exemplo
sem o dente de trás. Digo a ele: seu trabalho
é espetacular, cria um cone de silêncio
em meio a um tempo histórico veloz.
Todos, nas suas fotos, sabem o que querem
gritam como se fôssemos surdos
e o mundo pós-colonial precisasse deles.
Talvez precise, mesmo, e não de nós
que olhamos essas fotos com tanto prazer.
Nelas, tudo pede passagem
menos o óbvio: que morrem de bala
de muros caindo
num sono profundo
impresso no grão.

Chegou a primavera
admito, e os uivos das raposas
que lembram fábulas de Esopo
virão de outro lugar.
Guardarão dentro do rabo

›

junto aos antepassados
seus lindos filhotes.

Pedrinhas incrustradas na sola
machucam meu calcanhar.
Ei, essa aí parece a África
do Chifre ao Cabo.
No inverno, lançava países no lago.
Gritava seus nomes enquanto deslizavam.
Agora afundam sem traço.

15. *O to be a dragon*

Todo final de tarde
a luz vira vidro
um lagarto alado se aproxima.
Leio suas escamas, mais do que ouço a voz.

Vou te levar em meu rabo. Olha pra baixo:

Nenhum tuareg cavalga.
Não há sulcos de tinta
em campos arados, azuis
nem as aquarelas
de gás e distância
que Cézanne pintou em L'Estaque.
O som exótico da prosa de Salambô
não chega aqui em cima
nem o cheiro perdido de dona Dulce
a voz do Vitor Ramos em seu último sermão
ou o leite
abstruso
das mamonas
descendo o barranco sombrio.

Não é o telhado da primeira casa
isso que vês, nem os tomates
vermelhos que o jabuti mastigava.

A vida que te deram era grátis, Nuno, nenhum preço a pagar.

Me ponha no chão.

16.

Uma água barrenta
transborda no meio-fio.
O anel entre os seres
o que vai entre eles
mostra a matéria
e a neblina vela os chorões.
Postes iluminam algas úmidas
sobre conjuntos habitacionais.
Latas de lixo fingem matilha
escalam o muro. Uma foca
no encanamento faz a trilha.

Que foi que viram, pra fugir assim?
Pássaros em seta, profecias?

Gente morreu e matou por aqui, oitenta anos atrás.

Um bicho peludo, os dentes rangendo
a mochila de ossos nas costas
para no pórtico de um shopping.
Não tenho medo (ainda) e desço os degraus.
Afundo meu tênis na lama.
O bicho peludo me chama.
Pede fogo. Se aproxima.

De novo!, grita na avenida vazia.

17.

Você me deu uma casa
as palavras que uso
as histórias que conto
mesmo se aconteceram comigo.
Você é minha versão pra tudo
política, livros.

Você me deu a cachorra
Maria, e explicou o significado das datas
a astúcia de certos números. Você me mostrou
o mal crescendo entre os melhores amigos
e apagou a memória que eu tinha
de coisas ruins. Você editou minha vida.
Quando quero falar inglês, você traduz.

Mas quando eu subia no topo das árvores
e você torcia, lá embaixo, pra que eu não caísse
quando amarrava bonecos de argila nos galhos
e nunca descia pra jantar
era pra fugir de você e de mais ninguém.
Podia passar semanas lá em cima.

Não tenho medo, só pânico
de ficarmos presos, sem soltar as mãos
anos a fio.

Você tem de me deixar ir
mesmo que eu peça pra ficar
ficando nua.

18.

Olhando a neve, em lágrimas.

— *Com você, tudo acontece pela segunda vez.*

19.

Respiro sozinho
triste e perdido
no meio do arco
triunfal da avenida.
Cranach, gente ranzinza
prédios, luz cinza
apagam meu luto.
Outra vida te espera
essa mesma, me dizem.
Cedros, carvalhos rugosos
escondem países
inteiros de insetos.
Você nem devia estar aqui.
Certo. Não mesmo.

Cansei das manhãs
azuis e brilhantes
que a chuva da tarde
não lava ou refresca
— bombeia (são bombas)
um mar de sargaços
na sala dos pobres.
Cansei do presente
do indicativo, da ovelha mugindo
é, ééé, e da milícia íntima
cobrando um imposto
impossível de símbolos
poemas, canções.

Não sei mais compor
não sei mais pintar
não sei mais filmar
meus ossos.
Não sei o que é branco
preto, alto, feio
e quando leio, desconcentro.

Na cera do ouvido
naufrágios antigos
ainda grudados
emitem juízo.

20.

A vertical me abandona. Caio duro no chão.
Crianças com armas cor-de-rosa fazem mira.
Não junto a calcinha, os óculos dourados
ao fuzil decorado em volutas, como unhas.

Não faz sol, ainda bem.
O céu nublado protege minha profecia — *não eu, não eu.*

E se não conseguir voltar ao que tinha antes?
Se mesmo o prazer sexual for um tipo de massagem com
[hora marcada?
Ontem, nenhum de nós dois gozou.
Você não estava lá.
Estava, sim, habitado por outras trepadas.
Não pensei que estivessem tão vivas.
Toquei seus ombros. Toquei meus ombros. Parecia um filme.

Pensei o impensável, não o indizível.
Este o meu problema.
Nada, jamais, me pareceu difícil de dizer.

21. Poética

Vai dizer que não vê
qual o teu problema, esconder
numa goma de estilos
seu medo medonho de não ter uma voz.

Ok, mas isto é poesia
and I, too, dislike it.

***

I, too, dislike it.
Não sei como acreditei
nesse túnel entre ser e ser.
Nada funciona
e quando dá certo
alguém já fez.

***

Acordei achando meus pais estranhos
meio marcianos. Fugi até a floresta
sem conto de fadas, nem terra
ou troncos, madeira, que natureza
também é garrafas PET. Moro dentro dela.
Ontem, enquanto caminhava
uma onça queimada
cortava a pele com galhos.

***

Melhor carregar uma mala com lâmpadas velhas
do que ficar preso às palavras certas.
As erradas, ao menos, os outros estranham, perguntam
por que você não escreve como todo mundo?
(Nora Joyce perguntou isso ao marido.)

Pessoalmente, escrevo como todo mundo
mas planto as palavras no Jardim Botânico.
Crescem ali, em montes de terra.
A tinta estica até arrebentar.

22.

Quando tudo virou um Jardim Botânico
onde palavras crescem, e não estames
que idade você tinha? Estava pronto?
O impensável pertencia à ponta dos seus dedos?

Sílabas eu sabia pelo cheiro
quando vinham, volutas
sonoras cavando sentido nos troncos.
Os animais riam, amavam aquilo.

Ninguém me ensinou estrelas pretas
sentado no banco de madeira
minha herança da floresta
em Görlitzer Bahnhof, à espera.

23.

O verão chegou, admito
e retirou da toca as raposas novas.

Há insetos. Por que levei tão a sério
a antiga, invernal, melancolia
coberta pela penugem
do que se escondia de mim na floresta?
A europeia, cinzenta, melancolia
pedindo, primeiro, um cappuccino
depois do cappuccino, um copo de Riesling
e depois, ainda, a própria gravura de Dürer
vista no original, em frente à Gemäldegalerie
e depois disso tudo, a volta ao quarto aquecido
num ônibus embaçado, olhando a cidade do alto.
Como poderia, minha melancolia, sobreviver a isso?

Foi fácil, sabia?

Mas devia ter me preparado melhor
para a segunda onda de melancolia
quase tropical, espalhada no gramado
a vinte e três graus
onde essa gente de dedão grande
olha os céus (nem tão) perdidos
ao som de Shostakovich.
Para esta não estava pronto
o brilho do sol na pata do pássaro
a distância sinfônica, orquestrada

›

onde cada coisa mora
nítida, nominal, sob a ogiva azul.

É que não há umidade. Aqui não há umidade.

Ou: cansado de olhar pra trás, um homem vê seu desejo
[voltar. Só isso.

24. *Dark side*

I've seen things, mas não em outra galáxia.
Aqui mesmo.

Sem a barba, seu rosto não faz sentido nenhum pra mim
perdido no sonho, sem conseguir sair, aos gritos *Você quer me matar?*
Quando você se tornou essa pessoa má, os opioides como prêmio?
Não lhe deram palmadas, quando pequeno?

Não lembro do sangue
da calça rasgada eu lembro.
Vi da janela do táxi
poupado como sempre
o corpo batendo no asfalto.
O outro, que o derrubou
ceifava, as asas de aço.

Você tem sorte de ainda estar aqui, com toda essa idade.
Corra na esteira, deixe em paz
promessas sexuais.

Antigamente, o mal era alguém definido
um tarado, não essa horda de zumbis
que entra nos poros junto com o ar.
O mal, eu digo, a contração rugosa do lábio
num meio sorriso, a entonação delicada
minoridade legal é o problema. Pausa.
Ser contra o aborto não faz de mim uma pessoa pior.
Faz, sim.

Nacos cinzentos cobrem a copa das árvores.
Parece setembro.
As estações, mesmo aqui, se misturam.
Acreditei no inverno, em sua acústica fofa
a neve tangendo
a vida pra dentro
dos montes de lã

mas os esquilos
os cervos saltando
do outro lado do muro
acordaram, os olhos imensos.

Volto ao poder analítico da insônia.
Separo amigos em genealogias.

Meu coração se parte em dois.
Um, ele mesmo. O outro, vapor.

25.

O ombro e o pescoço doem o quanto podem.
O máximo que consigo é assistir Sandra Bullock.
Devia mesmo passar o tempo com filmes ruins
já que não consigo morrer dormindo.

Não quero morrer sabendo, não me interessa
a queda do conhecimento
na natureza mole dos meus miolos.
Prefiro a perna cozinhando no vapor
do *homeless* Dostoiévski, no metrô.
A tatuagem estica junto. Fala romeno.

Floresta primeva, angu de plantas e nomes
te vejo só pela janela *me espera!* do trem.
Não há linguagem, ali, oração subordinada.
Ninguém lê um poema dentro da velha banguela
ou escreve nela, com a matéria dela.
A linguagem, ela mesma, fica podre
antes de alguém usá-la, e por mais que as mamonas
doem seu leite aos bichos, o verso hieroglífico
neanche le tombe resistono, de Ungaretti
se deixa ler.

Caralho, como estou sozinho.

26.

Minha ironia, que a todos cativa
se espalha aos amigos.
Amigos: vocês pra mim são crianças.
Moro numa floresta. Escrevo num café. Leio numa biblioteca.
Divido moedas com um *homeless* romeno.
Deixo pra vocês meus lápis de cor.

A terra me chama, e às minhas roupas, panelas.
Chama meus poemas pra boca banguela.
Isso não é um poema. Não é uma imagem da morte.
Prefiro a cidade invertida na superfície do lago
mas guardei, desde pequeno, montinhos de terra
pra contar, grão a grão, como ovelhas, à noite.

Sinto que volto à terra, aqui nesta cidade fria.
Despeço o poema como um gás hilário demais.
Finjo ter fome, declaro amor, amor, aos amigos
mas a boca banguela responde em alemão. *Erde.*

Sim, meu pescoço dói
e o pior é que tenho medo.
Leio tremores no chão.
Animais soltam seu leite
bizarro, um raio ao contrário
pra dentro dos grãos.

O dia amanhece às avessas
visão nominal sem transparência
uma coisa por vez, perfeita.
Nomes engatam nas coisas. ›

Sílabas crescem na argila
que faz os fetos, as plantas.

Não é uma imagem da morte.

Faria um desenho, se tivesse meus lápis de cor.

27. *It's a wonderful life*

Uma folha pousa
na prosa medrosa dos meus versos.

Por que falo baixo? Devia gritar:
aaasa, dessas de sininho
de anjo extraviado
no filme do Frank Capra.

28. Jardim Botânico

Espero o dia triunfal
em que tocar as flores seja saber seu nome.
Hyacinthoides non-scripta (oeste e sudoeste da Europa)
Rhododendron ferrugineum (Alpes).
Quando os nomes crescerem
como crescem as flores
aprenderei a ler.

A chuva (ou o regador do jardim)
molha meu caderno, mergulha o nanquim
roxo nos poros. Tudo o que toco
fica mudo, hieroglífico. Isso é morrer
estame roçando o granito, sem cantar.

O gesto de puxá-lo pela alça
do jeans é já uma despedida
mas os dois meninos, dois
golfinhos, não sabem disso.
Espalham seus corpos na grama
omoplatas, tendões e sandálias.
Escolhem para o vaso da sala
um *Hibiscus syriacus* (sudoeste da China).

Derramo a folha marrom
da espuma do cappuccino
sobre o papel-toalha.

Nenhuma diferença entre floresta e jardim.
Entre escrever e ficar quieto, sim.

29.

Enchi a boca de terra.
Dei a notícia a meus irmãos.
Adeus, papai. Adeus, mamãe.
Erde. Asche.

Enchi a boca com a borra
do café, e disse a meus colegas de escola
Não sejam crianças, a vida
— e estendi a mão
como quem mostra o mar a quem nunca viu o mar.
Fingi ser velho, tão velho
que perdi o ponto de vista de um fruto
um peixinho, um suicidário instante de paz.
Nunca ria, ensinava sentenças, alíneas.
Neguei amor como quem encontra sentido.
Neguei amor como quem escreve, mas não fiquei sozinho.
Tive três filhos.

Rolei um barranco onde o leite corria
dos peitos minúsculos das mamonas.
Queria morrer, beber aquilo.
Espanquei meu estômago com galhos, tentando me ferir.
Não consegui. As luzes do parque se apagaram.
Estava sozinho, e o zumbido da cidade
dentro do sonho, da dor, cantava baixinho.
Uma coruja e um corvo, fundidos num único pio
me fizeram rir pela primeira vez.

Voltei pra casa, para os meus três filhos.

30.

Quando cozinhamos, domingo, e um de vocês
encosta a cabeça no ombro do outro *prova o sal?*
minha morte parece até desejável.

De onde vieram?
Não concebo maldade em um ato seu
nem ato mesmo concebo
só uma calma de grego
pensando o sentido do Ser
sem o acúmulo de escravos.

De onde vieram
canto guardado num baú de vidro, à espera
dos olhos vazados do último leitor
ou o gesto de carinho ao desvalido
palavra de amor cravada num órgão
humano, o rim, a vesícula, o fígado
capaz de curar toda dor?

De onde vieram?
Poderiam ser outros
meninos, meninas, girinos?
Eu mesmo fiz ou professores, amigos?

***

Nada de mãe, por aqui.

De onde vieram
pergunto à obra completa   ›

Aguilar ou Pléiade
que publicaremos
ou à palavra excitada
ereta, lubrificada
pronta pra enfiar
a mensagem na orelha da vítima.

Nada de mãe, por aqui
por isso é tão breve
nossa cena de amor *prova o sal?*
sem a risada da onça
queimada, e as histórias que conta
enquanto se corta.

31. Poética

Já ouvi isso antes
um pio gigante, de pura desilusão.
Passo reto, sem olhar pra cima.
Ignoro a cópula entre a coruja e o corvo
o pio longo e feroz, no topo.

Volto pra casa.
Nenhum hino de adeus à floresta.
O mundo lá fora é um sucesso completo.

Deixei um sapato, algumas roupas
uma tradução portuguesa do *Paraíso perdido*
atrás do arbusto de orquídeas e cíclames.
Afundaram quando o gelo quebrou
e raposas fundiram-se à ferrugem das folhas.

Por que tive filhos, compus canções?
Meu peso sobre a terra não deveria marcá-la.
Será recebido por ela, severa e granulosa.

Não o indizível, mas o impensável
uma vida sem livros, filhos, diários
retalhos formando figuras:
um zumbido de inseto
um poeta soprando
seus versos à barba
de chinelo e pijamas.

Somente Maria, a cachorra, entende o que diz:

Tudo o que ecoa
sino sino sino
vem dos animais

plantas
escondem seu nome
no leite do caule
dos próprios estames
depois no caderno
que trago comigo.

(Longa pausa)

Não faço poemas, faço desenhos
com os dentes, mordendo o papel.

A arcada dentária é minha caneta.

***

Isso de haver um poeta
dentro de mim
não é bem verdade.
Por vaso-capilaridade
o sumo transfere-se
à outra metade, só isso.

A sombra das palavras
marca minha posição exata
e o mundo meio que para
compensação sonora
por anos de música alta.

Volto à floresta, palavras
ganharam textura, sabor.
Devo plantá-las antes que morram
mas como chamá-las?
Dariam nome aos outros
como descobrir o seu?

Deixei que tomassem conta de tudo
estufa, herbário, caderno
agora o cabelo, as juntas de sebo
a fome e a asma cresceram
e pedem seu leite *mais!*

***

De que fala este poema?
Essa é a pergunta, Nuno.
Não adianta responder enquanto escreve.
Devia ter pensado nisso antes.

Já sei: escrevo pra me livrar da neve
em Köenigsallee, e das palavras que prometem
mas nunca crescem.
Dos homens de gás hilário
polidos como um espelho
mas fascistas, estetas.
Fuja dessa gente como de um cachorro louco.
Têm rabo de cavalo e levantam ferros.
Fuja do mendigo romeno e das raposas vermelhas.
Palavras demais foram ditas, descanso de menos.
Até eu virei poeta.

Os músculos daquele menino
que escolheu o seu hibisco
ao lado do namorado, algumas páginas atrás
sua glande e seu esperma roçando a si mesmos
num princípio de prazer quase eterno
ficaram moles, velhos.

***

Palavras viajam à velocidade da luz.
Ninguém sabe onde fica a página.
Exaustas, não conseguem pousar.

***

Não se plantam palavras, Nuno
plantam-se repolhos.
As folhas da relva nunca se deixaram ler.

Em algum ponto me confundi
o to be a dragon.
Escamas de trigo e de merda
gritavam mantras nos sonhos que tive.
Estão vivas?, as pessoas perguntavam.
*Sim, e douradas
e albinas*, eu respondia. *São lindas.*
Voam, flutuam? *Sim.* Leem? *Sim.* Falam sozinhas?
Não, mas cantam o que elas mesmas compõem.

Pedi uma selfie comigo.
Pedi que nunca contassem
aos outros quando envelheceriam.

32. *Compared to whom?*

Ao nome do presidiário
cavado no reboco
até que outro escreva o seu por cima

a quem acordou debaixo de tapa
puseram seus braços pra trás
no pátio onde jogava sozinho
em vez de fazer a lição de casa
e deram onze tiros

a quem não deixa livros

a quem não tem três filhos.

33.

Era só pintar um fundo preto, meio ralo
e por cima vermelho, espesso como carne
e chamar de vulcão, de derrame
de lava, e chamar a lava
de corpo, de carne de novo
de Bacon, de Rubens
e chamar isso tudo de quadro
à venda em Miami-Basel.

Era só opor o barroco
latino ao modernismo europeu
falar melhor inglês
pegar leve com meu desejo de morte
ter me drogado mais vezes
no banheiro, com curadores franceses.

Era só ter deixado morrer quem morria
comprado uma casa quando era barato
elogiar nosso apetite infindável pelo bispo Sardinha.

Era só ser isso e não ser outra coisa
e o contrário disso, também
— uma ruína que caga, lê, pensa alto, caminha.

Era só ter tomado um avião pra Berlim quando eu tinha
                                        [quinze anos
não um trem pra Monte Azul, Bahia.

34.

Não vale a pena dinamitar a ilha de Manhattan
nem o Reichstag, com sua cúpula de vidro
o inimigo está mais perdido
que a bomba que trago comigo
não vale morrer por isso

não vale morrer por isso
as sombras dos edifícios
nas ruas vazias (um De Chirico)
são maiores que qualquer ato

qualquer ato
profano ou sagrado
mistura-se à fonte
primária do olfato
alegria dos bichos

alegria dos bichos
apago meus rastros
palavras por companhia.

35. Mais um

Uns velhos. Amassavam a ponta dos dedos na palma.
Elas sumiam, literalmente, lá dentro.
Dói? *Não.* Os olhos fixos, úmidos.

Eu: me dá mais um poema
me dá mais um poema
terá quantos quiser
um pedaço de dia límpido
o raio de sol na garra de um passarinho, aqui em Berlim
tudo isso você terá.

Me dá a lava leve
do meu esperma na boca dela
a chuva engolindo seus gritos
terá a chuva
me dá dinheiro
terá dinheiro
os dedos na palma sumiam lá dentro.

Quero *ler* a perna do *homeless* romeno
tatuada pra mim
terá isso
a tradução imediata
da visão em palavra
do tato em palavra
da palavra em palavra
ok, tudo isso.

A pele machucada dos bichos
a morte eufórica dos bichos
as asas no vidro.

Tudo isso são palavras.
Nós sabemos.
Me dá mais um poema.
Nós daremos.

36.

Um muro
de cal, de sal, de luz
que estanca a espessura
e fosco.

Muro como um museu
de tudo, mas oco
em seu emparedar
matéria ou pensamento.

Cai, e em silêncio
escombro sem um grito
das poças e dos dias
sob a chuva, o tempo.

Sou eu a testemunha
do tanto que esperastes
muro, a matéria caroável
virar vento.

37.

A herança que ganhaste
folha, raiz, estame
agora PET, ácido tereftálico

uma balsa de garrafas de dois litros
que imigrantes usaram de Bengasi a Bari
azul-topázio sobre azul-topázio
boiando no quebra-mar

o alumínio em espiral da lata de coca-cola
diet, preso ao chifre do búfalo, em Marajó

o glifosato, a atrazina
arando cenouras enormes
matando a fome com bananas azuis.

Sou eu o homem-aranha depois dos agrotóxicos
o homem-desterro
o mendigo romeno
com superpoderes:
nunca voltar, nunca saber onde estou.

38.

Ervas daninhas
pinheiros mortos em diagonais perfeitas
esta a herança
toda a herança
única herança

fora das façanhas atléticas
das instruções minuciosas pra matar alguém

corpos lassos, azuis
rindo à luz das estrelas

os olhos espessos de escamas
não veem céu nem Jardim Botânico
só nomes plantados nos montes
e grana, muita grana

um chá escorre a matéria
mas nunca uma flor
pediu outra chance

aves jogadas ao chão
das granjas, um olho pendurado
mesmo ali, ervas daninhas
crescem debaixo do sangue.

39.

Vim atrás do inverno
das folhas duras em que piso
da miragem de um sofá
em que você se joga lendo
o *Paraíso perdido*
atrás do próprio hálito
e a higidez da chuva
que isola teu sofrimento
num torpor aristocrático
de repente fica suja.

Vim atrás dos patos e dos corvos
granitos escuros no lago
espelho quase
como um turista endinheirado
que tivesse o que nunca teve: tempo.

Time passed, turning everything into ice.
Under the ice, the future stirred.
If you fell into it, you died.
Não sou autor desses versos
nem de outros que me vêm à mente
vira-latas rondando, pedindo abrigo
forse un mattino andando in un'aria di vetro,
arida, rivolgendomi, vedrò compirsi il miracolo:
il nulla alle mi spalle, il vuoto dietro
di me, con un terrore da ubriaco
pedaços da vida alheia tomando a minha
em palavrório. Não posso adotá-los
criá-los como meus   ›

apenas acolhê-los por uns dias
battons soleil comme l'on bat tambour!
dar leite, devolvê-los à rua.

Vim atrás do lago gelado
do núcleo sonado do meu ser
os galhos magros
as raposas mudas
os tambores na neve acústica.

40.

Dia de chuva.
Sou grato ao sono e à manta
ao tomo de Jane Austin
ao fato de ter todo o tempo do mundo.
Nada me chama, fora este abraço primevo
que mata projetos e adia a conquista
de Meca, de Roma ou do MoMA.

Restos de sexo bombeiam sangue ao canudo. Leio no teto:
A vida que te deram era grátis, Nuno, nenhum preço a pagar.

A craca de cada trepada
antigravitacional, incrustada nas coisas
e não no meu pau, nos grumos de asfalto
no casco dos barcos, nos litros de vinho
nos livros que li, nos pães que comi
pede sentido. Mudar o mundo é o sentido
mas só consigo estranhá-lo.

41.

Vapor e um pássaro enorme
boiam na copa das árvores.
Embaixo, em meio à neblina
folhas e asas trazem charutos
memórias, uns poemas, tudo junto
e espalham na terra, diante de mim.
Propõem escambo, casaco por lanterna
espelho por calor, sono por jardim botânico.
Farinha por geometria
pólvora pela fenomenologia
do espírito, peles pelo nome
dos bichos. Sal por pensamentos ruins.

Mas o que está diante de mim não está diante de mim.
Há um lago gelado, isso sim, espelhando as nuvens
e um vento contínuo, que apaga os murais
e vem de *Roma*, de Fellini.

***

Aceito e subscrevo que morro. Não o fim de tudo
ao contrário, as coisas que tenho num mundo sereno
tijolos de casas, sinais de poemas, o som dos altares
das folhas roçando outras folhas, no alto
num coro de galhos e bichos que amo
e uma onça queimada em seu próprio domínio
a bocarra engolindo crianças e sonhos.

Deixo ir embora, em fila indiana
cada gole de vinho, roçada de pau
na vagina, minha cara enfiada
mugido de boi e de vaca *foi bom!*

Estou vago, um muro, meu hálito
roça minha nuca numa jornada redonda
e sei que termino.

42.

Uma coluna de ar entrou por meu cocuruto.
Senti seu êmbolo.

Palavras ficaram moles, os pensamentos ridículos.
Só duram segundos.

Não posso plantar palavras no Jardim Botânico, esperar que
[cresçam.
Não tenho mais tempo.

Amigos perguntam por mim diante de mim.
Na transparência floresço.

43.

Quando os pinheiros e os rododendros
crescerem de novo, trazendo sílabas nos poros da flor
a própria linguagem tomará conta do mundo
imprimindo sentido ao tombo de cada folha
pegada da onça queimada, e o sumo das sílabas
o leite dos estames, raízes legíveis
às marmotas, unhas, inhames
isso que você deseja
e teme, esse final de pergunta
ranhura no rosto de cera
abrindo uma rota aos livros de areia
trarão a morte do que você tentou
Nuno, os dias felizes, as estrelas pretas
em Görlitzer Bahnhof, à espera.

Nada, nada ficará onde tudo significa
onde letra e matéria dão match
e a posição dos astros equivale à dos dedos
na lombada de um livro, ou à pata de um pássaro
num raio de sol minúsculo, em Grunewald.

Nota

Escrevi boa parte deste livro durante uma residência no Wissenschaftskolleg (Wiko), em Berlim, entre 2021 e 2022. Agradeço à Instituição e a meus Fellows e Camels.

A fotografia na página 10 é de Lalo de Almeida. Os versos citados nas páginas 33 e 51, e o título da página 26, são de Marianne Moore; o título da página 20 é de Louise Glück; os versos na página 60 são de Louise Glück, Eugenio Montale e Francis Ponge.

© Nuno Ramos, 2023

Todos os direitos desta edição reservados à Todavia.

Grafia atualizada segundo o Acordo Ortográfico da Língua
Portuguesa de 1990, que entrou em vigor no Brasil em 2009.

capa
Bloco Gráfico
foto p. 10
Lalo de Almeida/ Folhapress
preparação
Julia de Souza
revisão
Erika Nogueira Vieira
Huendel Viana

Dados Internacionais de Catalogação na Publicação (CIP)

Ramos, Nuno (1960-)
Jardim Botânico : Poema / Nuno Ramos. — 1. ed. — São
Paulo : Todavia, 2023.

ISBN 978-65-5692-481-6

1. Literatura brasileira. 2. Poesia. 3. Poesia contemporânea.
I. Título.

CDD B869.1

Índice para catálogo sistemático:
1. Literatura brasileira : Poesia B869.1

Bruna Heller — Bibliotecária — CRB 10/2348

todavia
Rua Luís Anhaia, 44
05433.020 São Paulo SP
T. 55 11 3094 0500
www.todavialivros.com.br

fonte
Register*
papel
Pólen bold 90 g/m²
impressão
Geográfica